MADAGASCAR.

UNE EXCURSION

DANS LA RÉGION AUSTRALE

Chez les Antandrouïs.

PAR ALFRED GRANDIDIER.

EXTRAIT DU BULLETIN DE LA SOCIÉTÉ DES SCIENCES ET ARTS
DE L'ILE DE LA RÉUNION, ANNÉE 1867.

SAINT-DENIS, (RÉUNION.)
IMP. LITHOGRAPHIQUE ET TYPOGRAPHIQUE DE A. ROUSSIN,
RUE DE L'ÉGLISE, 96.

1868.

MADAGASCAR.

UNE EXCURSION

DANS LA RÉGION AUSTRALE

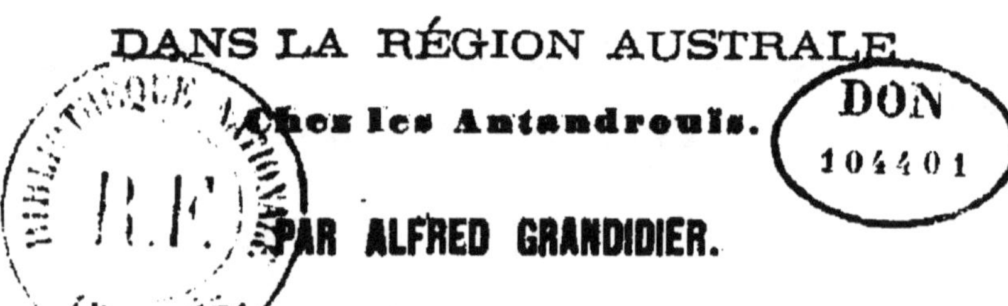

Chez les Antandrouis.

PAR ALFRED GRANDIDIER.

EXTRAIT DU BULLETIN DE LA SOCIÉTÉ DES SCIENCES ET ARTS
DE L'ILE DE LA RÉUNION, ANNÉE 1867.

SAINT-DENIS, (RÉUNION.)
IMP. LITHOGRAPHIQUE ET TYPOGRAPHIQUE DE A. ROUSSIN,
RUE DE L'ÉGLISE, 96.

1868.

MADAGASCAR.

Une excursion dans la région australe

chez les Antandrouïs.

Le 6 juin 1866, sur la rade houleuse de Saint-Denis, on voyait un *trois-mâts barque* dont les voiles à demi déployées pendaient aux vergues, présage d'un départ prochain. C'était *l'Infatigable*, un des quatre navires qui, depuis quelques années, se hasardent à trafiquer, du fort Dauphin à Mouroundava, sur les côtes inhospitalières du Sud et du Sud-Ouest de la grande île africaine. Le capitaine Bellanger, jeune et brave marin rompu aux dangers des cyclones aussi bien qu'aux périls du commerce avec les Mahfales et les Sakalaves, m'avait engagé à profiter de son navire pour visiter des contrées inconnues aux géographes et aux naturalistes, et c'est avec une véritable reconnaissance que j'avais saisi une occasion aussi favorable à mes projets.

Diverses missions scientifiques, durant un espace de huit années, m'avaient tour à tour conduit dans les deux Amériques, dans les Indes Anglaises et à Ceylan, sur la côte orientale d'Afrique et à Zanzibar; à ces explorations, je voulais depuis longtemps joindre celle de Madagascar, pays qui est presque totalement inconnu. En topographie, tout y est à faire; et en histoire naturelle, la faune et la flore y offrent aux savants tant de formes nouvelles et bizarres qu'on est autorisé à penser qu'autrefois cette île s'étendait du côté de l'Asie, formant un vaste continent comparable à l'Australie. L'anthropologie elle-même a de curieuses et importantes recherches à faire sur les races qui se sont accumulées et mélangées dans ce coin de terre. Mais à l'intérêt scientifique qui s'attache à Madagascar, ne s'en joint-il pas un autre qui doit nous porter vers cette île, jadis partiellement française ? Elle a conservé des traces de notre influence ; et plusieurs chefs Antanosses m'ont exprimé le désir d'obtenir la protection de nos armes contre le joug Ova qui pèse à leur indépendance.

En 1865, un premier voyage sur la côte nord-est, sans avoir été stérile, n'avait pas produit tous les résultats que j'étais en droit d'en attendre. La défiance si naturelle aux Ovas était à cette époque surexcitée par les réclamations d'indemnité que faisait notre marine au nom de la France ; j'étais à leurs yeux un émissaire du Gouvernement chargé de recueillir des renseignements nuisibles à leur commerce et à leur pays. M'entourant d'une surveillance incessante, soulevant à chaque pas des obstacles insurmontables, ils m'empêchèrent de me livrer à des travaux géographiques, et m'internèrent sur une partie du littoral, sans me permettre de pénétrer dans l'intérieur. Ce temps ne fut pas cependant entièrement perdu ; je le mis à profit en étudiant la langue, les mœurs, la faune, la flore, et en prenant ainsi pied dans le pays. Ces études préliminaires sont indispensables pour voyager avec fruit et sécurité, pour ne pas surcharger son bagage de collections inutiles et surtout pour éviter les dangers en respectant les usages des peuples avec lesquels on doit avoir des rapports. Combien de voyageurs n'ont-ils pas été victimes de leur imprudence pour ne s'être pas conformés à ces principes !

Les résultats de ma première exploration m'amenèrent tout naturellement à chercher d'autres localités pour mes prochains voyages ; je me déterminai pour la région australe, pays réputé dangereux par le caractère rapace et sauvage de ses habitants, mais par cela même pays neuf et inexploré.

Aucun naturaliste, aucun géographe n'ont visité la côte Sud ; à peine deux ou trois ports de la côte Ouest, au Sud du cap Saint-André, sont-ils, de temps à autre, et pendant un jour ou deux, fréquentés par des navires de guerre. Ma résolution prise, je liai connaissance avec le capitaine Bellanger, et je m'embarquai à Bourbon sur l'*Infatigable*.

Quelques instants après, le navire, obéissant à une brise fraîche, court à l'ouest-nord-ouest pour doubler le cap Bernard à l'est duquel s'étend, au milieu de palmiers et de fleurs, la ville de St-Denis. Rien de plus beau que la vue de l'île Bourbon avec ses hautes montagnes à crêtes découpées, à pentes abruptes, dont les flancs sont surchargés des cultures les plus variées. Les champs de canne qui couvrent comme d'un manteau de verdure les fertiles régions du bord de la mer, les précipices profonds creusés, çà et là, par les secousses violentes qui ont déchiré le sol de cette île, les torrents qui étalent les masses grises de leurs galets, le volcan avec ses larges et sombres coulées de lave, tout étonne et charme à la fois dans cet imposant panorama.

En nous éloignant, nous jetions avec admiration et regret un dernier regard sur ces beautés qui cependant nous étaient familières. Peu après, on n'apercevait déjà plus à l'horizon qu'une masse confuse de hautes montagnes enveloppées dans la brume. Nous faisions route vers le sud-ouest. Je ne dirai rien des premiers jours de notre navigation où la monotonie des jours s'est succédée sans interruption.

Le 10, nous étions devant la jolie baie de Fort-Dauphin, à une distance assez faible de la terre pour voir les maisons du village et le palais du gouverneur Ova qui, élevé de deux étages, se fait remarquer par ses galeries de bois circulaires et un toit pyramidal. Je ne pus m'empêcher de penser avec tristesse à cette ancienne possession française où nous avons résidé si longtemps et qui est aujourd'hui abandonnée à la merci des Ovas.

La population malgache de cette province, les Antanosses, ont toujours fourni à Bourbon un grand nombre d'esclaves ou d'engagés. Depuis que leur pays a été conquis par les Ovas, la plupart d'entre eux, ne voulant pas se soumettre à la loi des vainqueurs, ont abandonné leur province et se sont retirés depuis une dizaine d'années, à plus de 60 lieues vers le Nord-Ouest dans l'intérieur du pays (près de la rivière St-Augustin.)

Nous avions à notre bord une cinquantaine de ces Antanosses ; après avoir terminé leur engagement décennal, ils regagnaient leur pays avec les marchandises amassées durant leur exil. Ces pauvres gens, partis depuis dix ans de la baie de Manghafia ou de Fort-Dauphin, retrouvaient leur pays pillé et saccagé par les Ovas ; au lieu de leurs chefs et de leur famille, ils apercevaient sur le rivage la grande bannière blanche des vainqueurs sur laquelle est inscrite le nom de la reine, *Rasoherina manjaka ny Madagascar*. Ce n'était plus là qu'ils devaient mettre pied à terre : ils se rendaient à St-Augustin sur la côte ouest, pour gagner par une marche de plusieurs jours vers l'est le nouveau campement de leurs chefs respectifs que j'ai eu l'occasion de visiter plus tard.

Après une ennuyeuse navigation de plusieurs jours, nos yeux s'arrêtaient avec plaisir sur la riante végétation de la vaste baie de Fort-Dauphin, et sur la chaîne de montagnes boisées qui longe la côte Est. Nous ne jouissons pas longtemps de ce beau spectacle ; bientôt l'aspect change. Doublant la côte Sud, nous continuons notre route, et le lendemain 11 juin, l'ancre était jetée devant le Cap Ste-Marie.

Beaucoup de navires faisant route pour Natal ou le Cap de Bonne-Espérance s'approchent du Sud de Madagascar afin de reconnaître leur position, mais aucun, que je sache, n'a, avant 1866, osé s'aventurer à mouiller sur cette côte aride et inhospitalière. Une ligne de dunes dénuées de végétation, des bancs de rochers qui s'étendent à fleur d'eau à une grande distance du rivage et qui sont continuellement battus par les vagues d'une mer furieuse, nulle trace d'habitations, rien ne semble en effet devoir attirer des navires en un pays aussi deshérité.

Le capitaine Cavaro y vint cependant mouiller au commencement de 1866 à la recherche d'un chargement d'orseille ; ce lichen tinctorial forme la principale richesse commerciale des côtes sud et sud-ouest, et ne croît en abondance que sur l'écorce des arbustes épineux et rabougris qui sont la végétation caractéristique de ces déserts.

L'*Infatigable* ayant mouillé à 2 milles 1/2 de terre par un fond de roches de 16 brasses, on met à flot la chaloupe du bord ainsi qu'une pirogue, dont le capitaine avait eu l'utile précaution de se munir.

La mer, toujours houleuse en ces parages, a éloigné de la navigation les peuplades sauvages et maladroites de ces contrées ; on n'y trouve aucune sorte d'embarcation. Comme d'ailleurs les roches à fleur d'eau ne permettent pas, à cause du ressac continuel, d'accoster la plage avec les baleinières, on est obligé d'amener avec soi les légères pirogues à balancier que les Vèzes, Sakalaves du bord de la mer, manient avec une remarquable dextérité. La chaloupe mouille à une ou deux encâblures de la côte suivant l'état de la mer, et la communication avec la terre s'opère au moyen des pirogues.

Arrivés à deux cents mètres du rivage, nous sautons dans la pirogue et nous pagayons jusqu'au littoral.

Les dunes prennent naissance au bord de la mer, laissant à peine une plage de 2 à 3 mètres qui est couverte d'un sable quartzeux abondamment mêlé de grenat. Ces dunes s'élèvent d'une seule masse jusqu'à une altitude de 142 mètres ; leur pente mesure plus de 60° d'inclinaison. Là cependant où, par la configuration même de la côte, elles sont moins exposées à l'action directe des vents violents du Sud-Ouest, il existe deux étages séparés par un plateau intermédiaire d'une profondeur de plusieurs centaines de mètres. Le caractère le plus saillant de ces dunes, c'est leur sommet rectiligne qui ferait croire à des fortifications construites de main d'homme ; c'est cependant l'œuvre des vents. Les faluns qui compose ces dunes, sont formés de débris de coquilles réduites en poussière impalpable ; ils sont couverts, çà et là, d'arbrisseaux épineux dont le feuillage terne se distingue à peine du sol qui leur donne naissance ; sur les pentes se trouvent mêlés à des débris de coquilles terrestres des fragments d'œufs d'Æpyornis. Qui n'a entendu parler de ces œufs énormes, découverts dans la région australe de Madagascar ? Ils donnent à penser que les contes arabes avec leur Roc ne sont pas trop merveilleux. Ces œufs ne contiennent pas moins de 9 litres et équivalent à environ 150 œufs de poule ; on ne sait malheureusement rien de certain sur cet oiseau colossal.

Sur cette côte privée d'eau douce, il n'existe aucun village ; mais le capitaine Cavaro, qui avait mouillé sur cette rade quelques jours avant notre arrivée, avait, par des coups de canon répétés, attiré les indigènes dont les demeures sont à quelques lieues dans l'intérieur, et il était entré en relations commerciales avec eux. Nous avons dû à cette circonstance de ne pas trouver la plage entièrement déserte.

On avait choisi, pour traiter avec les indigènes, l'endroit le plus étendu du littoral ; il mesurait une centaine de mètres de côté. Le campement était adossé aux dunes ; avec une voile de chaloupe, supportée par quatre pieux, on avait formé une tente sous laquelle se tenaient les traitans ; une haie en branches épineuses d'euphorbe servait d'enceinte ; à côté était placée la hutte royale, composée de tiges desséchées, où deux hommes accroupis pouvaient tenir à grand peine ; enfin trois ou quatre enclos en feuillage sec étaient réservés aux indigènes, qui, en attendant leur tour de vente, y déposaient leurs marchandises et y passaient au besoin la nuit.

Au moment de notre arrivée, la scène était très animée ; une centaine d'indigènes, hommes et femmes dont la nudité n'était couverte que d'un lambeau de toile en guenilles, s'empressaient autour des traitans pour leur vendre de petits paniers pleins d'orseille ; ils criaient, vociféraient, se poussaient les uns les autres sans vergogne ; le beau sexe Antandrouï ne brille ni par la grâce ni par la modestie, et affiche peu de décence. Un matelot, une balance à la main, pesait chaque paquet, dont le lieutenant du navire assis, par une utile précaution, sur la malle à marchandises, payait aussitôt la valeur ; on donnait en moyenne une brasse (1) de toile blanche ou bleue pour 15 kilos du précieux lichen, et une centaine de grammes de grosse poudre pour 10 kilog. Les clous dorés dont tous les malgaches du sud et de l'ouest sont très amateurs pour orner les crosses de leurs mousquets, les verroteries noires et bleues, les marmites de fonte avaient aussi un grand débit.

A notre débarquement, tous les Antandrouis abandonnèrent momentanément leurs échanges, et le roi Tsifanihi, s'avança lentement à notre rencontre, comme il convient à un monarque vêtu de sa majesté. C'était un vieillard maigre, d'assez haute stature, ayant le teint clair et des cheveux gris, lisses ; il était facile de reconnaître en lui un

(1) Un mètre soixante quinze centimètres environ ; on mesure la brasse en étendant les bras.

mélange de sang caucasique, arabe ou juif. Un simple morceau de toile lui ceignait les reins, et un Lamba, jadis blanc, était négligemment jeté sur ses épaules. Ce vêtement est une pièce d'étoffe de laine, de forme carrée, qui sert aux malgaches pour se draper durant le jour aussi bien que pour s'abriter la nuit. Une petite calotte de jonc tressé lui couvrait la tête.

Après avoir, selon l'usage, pressé la main, à titre de bienvenue, à la plupart de ces individus, nous nous assîmes en cercle devant la hutte royale, et le Kabar commença ; on appelle ainsi à Madagascar l'assemblée publique dans laquelle on traite toute affaire, petite ou grande. Le capitaine de l'*Infatigable* débattit avec Sa Majesté Antandrouï les conditions du droit d'ancrage et de libre commerce, droit que tout navire est obligé de payer à son entrée dans les ports des côtes sud et sud-ouest de Madagascar ; sans longue discussion, il fut convenu que le roi recevrait, pour sa part de lion, un baril de poudre de 25 livres, un fusil à pierre, une marmite de fonte, 2 miroirs, une pièce de toile bleue de 15 mètres, 200 clous dorés, 20 balles, 20 pierres à fusil, et 4 bouteilles de rhum que par prudence nous eûmes soin de couper d'eau afin d'éviter à notre nouvel ami une ivresse prolongée et peut-être tragique. Le lion ne faisait pas sentir ses griffes ; c'était le début des relations commerciales de Bourbon avec les Antandrouis, et ce peuple n'était point encore corrompu par la prospérité et les richesses.

Des présents analogues, mais de moindre importance, furent offerts à six chefs dépendant du roi qui, sous le fallacieux prétexte de protéger les blancs, exigent une rémunération bien peu méritée, mais qu'on accorde autant par suite d'anciens usages que par respect pour le droit du plus fort. Les malgaches sont tous des vautours affamés de marchandises.

Le roi dont la société était rien moins qu'agréable, à cause des maladies cutanées qui ne l'avaient pas plus épargné que le moindre de ses sujets, ncus promet, sans en avoir été prié, de venir le lendemain à bord chercher son cadeau, et nous nous séparons les meilleurs amis du monde. Le jour suivant, nos pirogues amènent en effet sa majesté, escortée des chefs qu'attirait l'appât des marchandises.

Ces malheureux êtres dont la vie se rapproche plus de celle de la brute que de celle de l'homme, et qui n'ayant jamais quitté leurs tristes déserts n'ont vu que les misérables huttes où ils végètent, montèrent sur notre navire sans témoigner la moindre admiration, le moindre étonnement ; il semblait, à les voir se promener sur le pont, qu'ils eussent toujours résidé au milieu des merveilles de la civilisation. C'était cependant la première fois que pareil spectacle s'offrait à leurs yeux. Est-il rien de plus extraordinaire que ce calme, cette inertie du sauvage ? La vie indolente des habitants des tropiques fait naître chez eux une complète insouciance ; ils ne sauraient du reste admirer ce dont ils ne comprennent pas l'utilité. Cette remarque s'applique à tous les peuples barbares ; nos magnifiques palais, les merveilles de notre industrie, les richesses accumulées à grand peine des pays les plus éloignés, tout les laisse froids et impassibles ; la nature qui leur prodigue le nécessaire, leur laisse ignorer les difficultés que l'homme civilisé doit surmonter pour subvenir à ses besoins sous les climats du nord, et pour mener à bien les grandes et utiles inventions ; le sentiment du beau qui se développe par l'étude, est inconnu à leur âme : c'est drôle, telle est l'expression qui, sous sa forme naïve, résume le mieux les sensations de ces êtres incomplets.

Le roi Tsifanihi, tout en buvant quelques petits verres de rhum, chercha à nous convaincre qu'il avait momentanément établi sa résidence sur la côte par amitié pour les blancs et pour les couvrir de sa haute protection ; il ne disait pas, le vieux rusé, qu'en restant sur le lieu même de la traite, il percevait sur chaque vendeur d'orseille, une pincée de poudre, une balle, quelques clous dorés, et que l'intérêt était son seul dieu, comme il est celui de tout malgache.

Ses domaines étaient situés à plusieurs heures de marche dans l'intérieur. L'*Infatigable* devant passer sur rade une vingtaine de jours, je demandai à Tsifanihi de m'accompagner chez lui, dans l'espoir de recueillir durant cette excursion des documents intéressants pour la géographie et pour l'histoire naturelle. Je l'y décidai facilement par la promesse d'un baril de poudre ; un semblable cadeau fait toujours son effet sur un malgache, roi ou esclave, et il fut convenu que nous partirions le surlendemain.

Tout en conversant, nous avions soin de lui offrir, de temps à autre, un peu de rhum coupé d'eau qu'il buvait en partie et dont il passait débonnairement le restant à quelqu'un de ses chefs. Ceux-ci étaient tous accroupis sur les genoux et les talons auprès du monarque ; ne pouvant souiller de leurs lèvres plébéiennes une coupe où s'étaient trempées des lèvres royales, ils mettaient la main gauche en avant de leur bouche, puis y versaient le contenu du verre qui, traversant ce pont improvisé, allait s'engouffrer dans leur gosier insatiable.

Tsifanihi est de droit le souverain légitime du pays, mais depuis longtemps les diverses tribus Antandrouïs sont en guerre les unes avec les autres, et on le craint peu, on lui obéit encore moins ; s'il n'eût épousé une princesse Antanosse, parente de Ra Zoumaner, le chef du peuple le plus redouté de Madagascar, on lui aurait déjà fait un mauvais parti. Les Antandrouïs sont en proie à une anarchie plus grande et plus terrible même que celle qui règne chez les Mahfales et les Sakalaves, autres peuplades indépendantes de la côte Ouest que j'ai visités plus tard.

Le lendemain de la visite royale, descendu de bonne heure à terre, je me mis à étudier la faune et la flore du pays environnant; peu d'oiseaux, quelques reptiles, des plantes d'un aspect bizarre, tel fut le produit d'une promenade de quelques heures sous les rayons ardents d'un soleil tropical. Le nombre des objets recueillis était bien restreint assurément, mais la nouveauté de quelques uns d'entre eux, la rareté des autres me ravissait, et ce fut le cœur plein de joie que je m'endormis sur le sable de la plage, corps et tête ensevelis sous mon épaisse couverture de laine; car les nuits sont fraîches dans ces parages, à cette époque de l'hiver où une abondante rosée tombe tous les matins.

Le jour suivant j'étais sur pied avant le lever du soleil. Un petit sac de riz destiné à mon alimentation, et deux boîtes de fer blanc, tel était mon bagage; l'une de ces boîtes renfermait mes instruments de géodésie, et l'autre contenait les objets nécessaires aux préparations taxidermiques. Le tout fut promptement chargé sur les épaules de quelques Antandrouis, que plusieurs rasades de rhum avaient mis en bonne humeur. Nous gravissons les dunes, hautes et abruptes, dont le pied baigne dans la mer, et nous nous frayons, non sans souffrances pour nos jambes nues, un chemin à travers des arbustes épineux qui ne dépassent guère un mètre de hauteur, sauf une euphorbe arborescente, d'espèce nouvellle, dont les branches rappellent le genêt des contrées méridionales de l'Europe. Arrivé au sommet, je n'aperçois qu'une vaste plaine, sans un monticule, sans un arbre; rien qu'une végétation rabougrie. Je ne me rappelle pas, dans tous mes voyages, avoir jamais rencontré un plateau aussi désolé; l'aspect y est plus triste que dans les déserts de l'Egypte et de l Arabie où la vue n'est bornée au loin que par des vagues de sable et offre au moins à l'esprit des idées grandioses.

Mes Antandrouïs, peu accoutumés à porter des fardeaux, furent promptement fatigués ; à chaque instant, je les voyais changer d'épaule le bâton auquel étaient suspendus les paquets. Le roi, un brave roi sans morgue et sans fierté, plus simple encore que le roi d'Yvetot, prit pitié de ses pauvres sujets qui pliaient sous la pesante charge de 8 à 10 kilos, et n'hésita pas à placer sur son dos royal mon sac de riz. Nous marchâmes ainsi pendant quatre heures, ma petite escorte se relayant sans cesse.

Depuis quelque temps déjà, l'aspect botanique changeait, et je commençais à remarquer l'abondance des nopals qui nous entouraient, signe d'habitations voisines. Chaque Antandrouï possède sa plantation de nopal comme on a en France des cultures de blé. Les malheureux habitants de ces régions désolées n'ont souvent à mettre sous la dent que les figues vertes de barbarie, et pour eux qui, pendant plusieurs mois de l'année, sont privés d'eau et de céréales, c'est la principale ressource.

Nons ne tardons pas à découvrir une grande enceinte formée de ces plantes où, au milieu d'herbes desséchées, s'élevaient une dizaine de huttes ayant sept pieds de long sur six de large et à peine assez élevées pour qu'un homme de taille ordinaire s'y tînt debout. On ne peut y pénétrer qu'en rampant et se traînant sur les genoux par l'ouverture basse et étroite qui donne entrée dans ces résidences princières, c'est assez dire que nous étions dans le village royal de Tsifanihi.

Le roi m'introduisit dans la meilleure de ces huttes ; aussitôt une cinquantaine d'indigènes, comme de véritables enfants, se précipitent à l'envi pour voir l'étranger. J'étais le premier qui fût jamais venu dans le pays, et ma peau blanche attirait leur curiosité, plus turbulente et plus indiscrète que malintentionnée. Pendant que les Anadounaks, princes et princesses, prennent place autour de moi en entrant à quatre pattes dans mon humble demeure, je vois les planches dont sont formés les murs de la cabane disparaître une à une, car elles ne sont que juxtaposées et retenues entre deux tiges de bois longitudinales; bientôt je ne suis plus abrité que par le toit et je me trouve exposé aux regards de tous. Après m'être prêté avec bienveillance à satisfaire leur curiosité et leur avoir adressé quelques paroles pleines de dignité, j'ordonne qu'on remette ma hutte dans son état normal; car le soleil m'incommodait. Je dus plus d'une fois, réitérer l'ordre avant d'être obéi. Tant que j'ai demeuré dans ce campement, au moment où je m'y attendais le moins, une planche glissait, et deux ou trois têtes, aussi curieuses, mais plus gênantes que celle du diable boiteux, apparaissaient pour contempler le vaza, l'étranger, et épier ses moindres actions.

Le roi, échauffé de sa course et pressé par une soif ardente, demanda de l'eau qui lui fut aussitôt apportée précieusement; il daigna m'en offrir. A la vue de la boue rougeâtre qu'il me présentait, je refusai, ne me sentant pas le courage d'avaler une pareille purée, et je le laissai vider la calebasse. Il fut le seul à boire, l'eau est trop rare pour en donner au premier venu; mes porteurs pour se désaltérer eurent recours, selon l'usage antandrouï, aux figues du nopal, et préférant les imiter, je sortis de l'enceinte avec eux.

Ceux-ci, comme tous les Malgaches indépendants des Ovas, ne marchent jamais sans un mousquet chargé à balle et une sagaye ou lance; se servant de cette dernière arme pour piquer les fruits du nopal, ils les détachent adroitement du buisson épineux dont on ne peut impunément s'approcher ; la récolte faite, ils roulent ces fruits en tous sens dans le sable avec une poignée de branches, pour enlever les petites soies épineuses qui en couvrent la peau, et saisissant une des figues, ils la pèlent avec le fer de lance, et offrent la pulpe avec plus de grâce et plus de propreté qu'on ne serait en droit d'en attendre d'eux. Mon estomac desséché absorba promptement une trentaine de ces figues de barbarie ; le reste fut plus rapidement encore dévoré par mes sauvages. Ces fruits se mangent alternativement crus ou cuits sous la cendre, quelque fois même cuits dans l'eau, quand on peut se procurer de ce précieux liquide. J'ai vu de pauvres êtres qui m'ont assuré n'avoir pas bu une seule goutte d'eau depuis plus d'un mois.

En rentrant, je suis assailli de tous côtés par les parents du roi qui viennent réclamer de ma générosité les petits présents propres à sceller notre amitié ; je leur distribue des clous dorés, des colliers de verroterie et autres objets, le tout accompagné de mots plaisants pour les mettre en gaietés Le voyageur ne doit jamais agir avec brutalité envers le sauvages ; sans se laisser dominer et tout en conservant sa dignité, il est de son intérêt de chercher à les amuser : c'est le moyen d'obtenir d'eux ce qu'il désire. J'ai toujours réussi, par cette méthode, avec les peuplades même les plus dangereuses.

Un plat de riz cuit à l'eau et une volaille aussi maigre que coriace composaient le déjeuner du voyageur, qui n'est pas toujours aussi favorisé. Assis au milieu d'une nombreuse assemblée, je distribuais libéralement de temps en temps quelques bouchées aux princes et princesses dont les yeux dénotaient un désir effréné de participer plus amplement à mon repas. Fatigué de la curiosité insatiable des Antandrouïs, je congédiai sans façon, mais avec peine, la famille royale et le peuple, resté seul dans la case que m'avait assignée l'hospitalité de Tsifanihi, j'en étudiai la disposition intérieure.

Les meubles ne sont pas en honneur dans ces déserts, et ma demeure ne présentait aucun vestige d'inventions aussi inutiles à ce peuple qu'une écuelle à Diogène ; je me trompe, il y avait deux sièges, mais ce n'est pas de suite que je reconnus leur existence ; ces chaises se composaient de deux planchettes grossières sur lesquelles on s'accroupit pour éviter de traîner ses vêtements dans la poussière. Au milieu de la pièce, était le foyer qu'indiquaient quatre planches dépassant à peine le niveau du sol et où fumaient encore quelques tisons; de chaque côté, un espace large de deux pieds au plus, où on passe la nuit sur un sol aussi dur qu'inégal. Pour le voyageur fatigué par une longue marche, une nuit même mauvaise est bien vite passée; le lendemain matin, le roi Tsifanahi et son plus jeune fils, escortés de plusieurs esclaves m'accompagnèrent à la chasse en recherche de nouveautés zoologiques.

Après avoir traversé plusieurs plantations de nopal, dont les piquants menacent sans cesse les pieds et les jambes du chasseur, nous arrivons à quelques villages composés d'un petit nombre de huttes. Les nopals qui les entourent comme d'une ceinture, ne sont pas abandonnés à eux-mêmes; on les cultive, on en fait des boutures, et on cherche à augmenter chaque année la récolte. Entre ces plantes, pousse une herbe grossière, mais utile pour engraisser les zébus qui sont cependant rares à cause du manque d'eau.

La où un sol moins sablonneux permet à quelques arbres de croître, on met le feu pour défricher, et établir des plantations de gros millet (mapème), d'antaks (espèce de haricot malgache), et de citrouilles. Toutes ces plantes qui forment la base de la nourriture des naturels, viennent assez mal, faute d'humidité. Les indigènes sont souvent obligés de faire griller le mapème (millet), et parfois de le broyer cru sous la dent. Je fus plsieurs fois dans la nécessité de les imiter, trop heureux d'apaiser ainsi les exigences de mon estomac. Quand aux courges, c'est en été qu'elles leur sont utiles, lors qu'aucune rosée ne rafraîchit l'air du matin ; ils laissent ces fruits mûrir outre-mesure et même pourrir, afin que la pulpe se liquéfie et leur serve de breuvage.

La nature, peu prodigue à l'égard de ces peuples, leur a cependant donné dans sa prévoyance une racine, commune dans toutes les plaines sablonneuses, dont la chair aqueuse désaltère et remplace l'eau.

Nous traversons diverses plantations sur lesquelles je recueille des renseignements, et nous arrivons bientôt dans un bois dépouillé de feuilles ; c'était l'hiver. En été, du reste, il en est à peu près de même ; le feuillage est desséché par le soleil.

Je me glissai avec peine sur les genoux et sur les mains pour pénétrer au milieu des broussailles ; j'en fus récompensé par la vue du premier animal qui frappait mes regards depuis le matin. C'était un de ces curieux oiseaux, spéciaux à la faune de la grande île Africaine, qui sont connus dans la science sous le nom générique de Coua ; c'est une espèce particulière de coucou de la grosseur d'une petite tourterelle, à queue plus longue que le corps. Ils vont sautant avec grâce de branche en branche à la recherche des insectes et des mollusques terrestres dont ils sont très friands. Leurs yeux sont entourés d'une large peau nue qui dans l'oiseau vivant est teinte des plus vives couleurs. Un coup de fusil m'eut bientôt permis de considérer de près cet animal que je reconnus pour être d'espèce nouvelle. (1)

Je passai plusieurs jours à chasser ; si dans mes excursions j'ai rencontré peu d'animaux, je n'ai pas du moins eu à me plaindre quant à leur intérêt scientifique. Outre le coua dont

---

(1) Je l'ai décrit sous le nom de Coua Verreauxi.

je viens de parler, j'ai découvert une espèce nouvelle de bec fin (Prinia Chloropetoïdes); et le seul mammifère que j'aie vu dans toutes mes courses au travers du pays Androuï, est un quadrumane inconnu à la science, le Propithèque de Verreaux, animal d'une blancheur immaculée, à face nue d'un beau noir, et à calotte marron. Il appartient à l'ordre des Lemuriens, cette classe dont on pourrait presque faire une série parallèle à celle des autres animaux comme on l'a fait pour les marsupiaux d'Australie.

Cette maque est respectée chez les Antandrouïs et je faillis avoir une querelle sérieuse avec les habitants du village royal pour avoir dépouillé le beau spécimen que j'avais eu le bonheur de tuer. Il me fallut pour apaiser leur colère, enterrer en grande pompe le corps que j'avais retiré de la peau et faire planter, entre les pierres dont j'avais recouvert cette tombe, quelques feuilles charnues de nopal.

Si j'ajoute à ces trois animaux inconnus jusqu'alors à la science quelques oiseaux fort rares dans les musées et quelques reptiles de genres très curieux, j'aurai énuméré tout le butin zoologique que j'ai rapporté du Pays Antandrouï, encore moins habité par les bêtes que par les hommes. Quelques rares lépidoptères aux brillantes couleurs, parmi lesquels je citerai mon *Anthocaris Zoé* dont les aîles supérieures ont une teinte d'un beau pourpre violacé, égayaient cependant la tristesse du paysage.

J'oubliais de mentionner la caille, le Kibou des Malgaches dont la familiarité s'explique par la superstition des naturels. Les Antandrouïs et les Mahfales épargnent par reconnaissance la vie de ce charmant petit oiseau. Voici l'histoire, telle qu'elle m'a été racontée : Deux jeunes femmes étaient allées puiser de l'eau loin de leurs habitations ; deux zives (voleurs de bétail et d'enfants), cachés près de la source, se précipitèrent sur les deux Mahfales dont les cris ne pouvaient être entendus du village, et les emmenèrent captives. A quelque distance, il leur fallut traverser un petit bois ; plusieurs cailles, en s'envolant presque sous leurs pieds, firent grand bruit. Les zives effrayés crurent à une surprise, et, lâchant leur proie, cherchèrent leur salut dans la fuite. A cette heureuse nouvelle, le chef de famille, rendant grâces à Dieu, à la patrie et aux ancêtres (la triple invocation Malgache), fit solennellement le vœu que lui, ses enfants et petits enfants nés et à naître, respecteraient l'oiseau qui avait sauvé leurs parents. Toutes les familles alliées à celle de ces femmes ne tuent jamais une caille. Il est remarquable de constater avec quel respect les Malgaches se soumettent aux vœux même les plus bizarres et les plus absurdes formés par leur père et leurs aïeux.

Chaque soir, à ma rentrée au village royal de Tsifanihi, je trouvais tout le monde ivre, et il n'était pas rassurant de voir mes nouveaux amis, les princes Antandrouïs, venir continuellement près de moi avec leurs fusils chargés à balle et armés, pour m'offrir dans leur tendresse d'ivrognes leur gourde de rhum dont il me fallait par convenance approcher les lèvres.

Après cinq jours de chasse, je quittai le village royal; je n'avais trouvé partout jusqu'à plus de dix lieues au nord du cap Sainte-Marie qu'un pays plat, aride et sablonneux. L'aspect de cette région qui contraste si fort avec les parties montagneuses de formation plus ancienne, m'a rappelé les provinces arides du nord de Ceylan et la partie occidentale de Java qui n'est aussi qu'un désert de sable.

Mon désir eût été de continuer mes recherches sur ce pays neuf pour la science, mais la nouvelle inattendue que les deux navires de la colonie venaient de quitter la rade hâta mon retour ; je crus prudent de courir au rivage pour m'assurer par moi-même de ce qui se passait, Quel ne fut pas mon étonnement de n'apercevoir, du haut des dunes, à plus de trois milles au large, qu'une immense nappe d'écume; le bruit sinistre des vagues qui déferlaient au loin, montait jusqu'à nous ; aucun navire à l'horizon. Mouillés à deux milles et demi de terre, l'*Infatigable* et la *Marie-Caroline* avaient dû dérader, sous peine d'être submergés, même à cette distance de la côte, malgré un fond de seize brasses.

Quelques Antandrouïs qui avaient vendu au bord de la mer leur petite récolte d'orseille, m'apprirent que des vazas étaient abandonnés sur le rivage ; je me hâtai de descendre afin d'avoir des nouvelles.

Les lieutenants des deux navires, deux matelots créoles et quatre Sakalaves, descendus à terre trois jours avant, n'avaient pu regagner leurs navires, tant le ras de marée s'était promptement déclaré. Tous nous étions à bout de provisions, et il nous fallut nous contenter de la grossière nourriture des naturels.

Ce qui me donnait le plus de regrets, c'était dans l'ignorance où nous étions de ce qui arriverait, d'être cloué au rivage sans pouvoir me livrer à des excursions et à des découvertes dans l'intérieur du pays, Malgré mon amour des voyages je dois avouer que la perspective d'être le Robinson de ce désert m'était peu agréable.

Après six jours de mortelle attente, montés pour la centième fois peut-être à mi-côte des dunes, nous apercevons enfin les deux navires qui s'avançaient vers nous, toutes voiles dehors.

Arrivés à trois milles de terre, ils jettent l'ancre ; la mer était toujours agitée. Le lendemain matin, profitant d'une petite accalmie, deux Sakalaves se risquent dans une pirogue pour aller chercher des vivres et réclamer leur ration quotidienne d'eau de vie. C'était un spectacle émouvant de voir cette embarcation si longue et si étroite, faite d'un bois tendre et léger comme le liége , affronter la fureur des flots. Accompagnés de nos souhaits, ils abordent toutefois sans accident un des navires , reçoivent les vivres et s'en reviennent tranquillement en pagayant ; ils étaient encore à deux cents mètres du rivage, quand une lame sourde les prenant en travers chavire la pauvre pirogue, malgré toute l'habileté des rameurs. Nos Sakalaves , bons nageurs, s'occupent d'abord de recueillir les pagayes et de diriger la pirogue vers la partie du rivage où l'absence de roches permettait à l'embarcation d'accoster sans risque d'avaries ; mais la mer grossissait toujours, et, après un quart d'heure d'efforts inutiles , un d'eux pris par une lame est lancé contre une pointe de rocher où il se blesse grièvement. Renonçant au sauvetage de la pirogue , ils regagnent la côte à grand peine. Il était temps, le blessé avait perdu ses forces.

L'embarcation fut heureusement peu endommagée ; mais, hélas ! les vivres après lesquels nous soupirions avaient coulé à fond , et si la mer rejeta peu après les gamelles de bois, elle nous les rendit vides ; les poissons avaient profité de notre repas.

La mer nous tenait toujours rigueur. Le capitaine de l'*Infatigable* se décide à nous envoyer la chaloupe ; le patron ne réussit à mouiller et non sans danger, qu'après six voyages successifs du navire à la terre et de la terre au navire. Dans un moment moins défavorable, nous lui envoyons la pirogue avec deux Sakalaves, et il en profite pour venir informer les officiers et matelots de rallier le bord. Traînant aussitôt deux pirogues vers la mer, nous attendons pendant quelques minutes, une lame favorable et nous les mettons à flot ; sauter dans les embarcations et saisir les pagayes, ce fut l'affaire d'un instant ; nous ramons de toutes nos forces, ayant toutefois soin de laisser déferler chaque lame un peu en avant de la proue de la pirogue ; une vague fût-elle tombée dans l'embarcation, nous étions perdus, quoique tous bons nageurs. De vigoureux efforts nous dégagent enfin de cette pénible situation, et la voile hissée aussitôt nous porte à bord de l'*Infatigable* sans autre incident.

Ces accidents de mer sont très fréquents sur les plages inhospitalières du sud de Madagascar et, c'est pour en démontrer les dangers que je viens de rappeler, avec quelques détails, ce qui est arrivé en ma présence aux deux navires.

L'*Infatigable* partit peu après pour Machikora et la côte sud-ouest où je devais stationner quelque temps pour mes études géographiques et mes recherches d'histoire naturelle. Je dis donc adieu, sans trop de regrets, au pays Androuï, adieu qui cependant ne devait être que momentané, puisque dans quelques mois j'y serai de nouveau pour tenter de pénétrer par cette voie dans les autres provinces inconnues de la grande île de Madagascar.

ALFRED GRANDIDIER.

www.ingramcontent.com/pod-product-compliance
Lightning Source LLC
LaVergne TN
LVHW020500230826
846091LV00008BA/3296

* 9 7 8 2 0 1 3 6 3 1 9 7 6 *